AVONS-NOUS

DES INSTITUTIONS?

OU

QUELQUES RÉFLEXIONS

SUR LE RENOUVELLEMENT SEPTENNAL;

PAR C. P. DUCANCEL, ÉLECTEUR DE L'OISE.

A PARIS,

CHEZ ÉVERAT, IMPRIMEUR-LIBRAIRE, RUE DU CADRAN, N° 16;

ET AU PALAIS-ROYAL,

CHEZ TOUS LES MARCHANDS DE NOUVEAUTÉS.

DE L'IMPRIMERIE D'ÉVERAT, RUE DU CADRAN, N° 16.
1823.

AVIS DE L'AUTEUR.

Pour remplir ce que promet le titre de cet opuscule, nous avions eu l'intention d'indiquer sous le même point de vue les institutions qui nous paraissent conciliables avec les libertés consacrées par la Charte; mais il nous aurait fallu publier un volume; et le temps nous serre de trop près. Ce qui est urgent, c'est d'appeler l'attention sur le péril qui menace la Charte. Plus tard, nous livrerons au public le résultat de nos méditations sur le genre d'institutions qui nous paraissent devoir l'affermir et la naturaliser parmi nous. D'avance, nous déclarons ici que nous ne proposerons rien qui ne soit la conséquence rigoureuse des principes que nous avons posés dans cet opuscule, et qui, nous en faisons franchement l'aveu, diffèrent, sur plusieurs points, des principes que nous avons professés, en 1814, avant la promulgation de la Charte, dans notre ouvrage intitulé *Constitution non écrite de la France*. Nous ne sommes pas au surplus le seul royaliste à qui les événemens survenus depuis 1814 aient suggéré quelques variations dans les doctrines politiques, sans toutefois qu'il puisse jamais varier dans son amour pour son Roi et son dévoûment à la patrie.

AVONS-NOUS
DES INSTITUTIONS?

ou

QUELQUES RÉFLEXIONS

SUR LE RENOUVELLEMENT SEPTENNAL.

La longue hésitation du Ministère à faire paraître l'ordonnance de dissolution de la Chambre nous avait laissé entrevoir l'espérance qu'il reviendrait sur sa première détermination. Cette ordonnance vient d'être promulguée. Plus de doute : nos Ministres persistent à vouloir introduire le renouvellement septennal. Les suites d'une pareille mesure nous paraissent trop alarmantes pour ne pas les signaler. Nous allons donc, avec bonnefoi, hazarder quelques réflexions sur ce sujet. Nous dégagerons la question des circonstances et des préventions qui l'environnent. Nous ne chercherons pas nos argumens dans la coïncidence, combinée ou non, d'une innovation aussi grave, avec la disgrâce d'un Ministre cher aux royalistes. Nous n'examinerons pas si, pour proposer le renouvellement septennal, il était nécessaire de dissoudre la Chambre; si cette dissolution est, ou n'est pas dangereuse, si elle est offensante pour ses Membres. Nous ne supposerons pas que le Ministère cache, sous la septennalité, l'arrière-pensée de se perpétuer dans le pouvoir. Nous le croirons franc, désintéressé, consciencieux ; et nous aussi, « nous séparerons la question des hommes de celle des choses ; » et imitant, en cela, l'éloquent organe du Ministère, nous mettrons, de prime abord, « les hommes hors de la question. » Enfin, nous nous abstiendrons d'aborder cette autre question, incidente à la première, et dont l'énonciation nous semble tout au moins intempestive, la question de savoir si, en France, le *Parlement peut tout*; » s'il y a, dans la Charte, des articles qu'il soit permis de retou- » cher, et d'autres qui soient inviolables ; » si le seul droit de faire cette distinction dans la Charte, n'entraîne point par le fait, celui de la révoquer quand on le jugera convenable.

Est-il bien vrai que, » le repos et le salut de la Monarchie » dépendent du renouvellement septennal (1) ? » Voilà la question telle qu'elle est posée par le Ministère, qui n'hésite point à se prononcer pour l'affirmative. Cette question, envisagée vaguement et dans ses surfaces, offre en effet quelque chose de spécieux en faveur de l'opinion ministérielle. On serait, au premier aspect, assez disposé à reconnaître avec l'illustre écrivain, » que » le renouvellement proposé est indipensable pour donner à la » Chambre la faculté de travailler aux lois dans un esprit de suite » et d'unité ; pour la soustraire aux influences d'une opinion tous » les ans agitée en sens contraire ; .... pour permettre à un Minis- » tère de s'occuper des affaires publiques, au lieu de ne songer » qu'à s'assurer d'une majorité..... » Séduit par les prestiges d'un si bel avenir, on serait même presque tenté » de se figurer, avec » le noble Pair, quel bonheur ce serait qu'une session finît » sans qu'il soit question d'élections nouvelles » ! Nous ne disconviendrons pas que nous avons été nous-mêmes éblouis, pour un

---

(1) Journal *des Débats* du 15 novembre 1822.

moment, par les traits vifs et saillans de cette brillante controverse. Mais, après y avoir réfléchi de sang-froid, il nous a semblé que tous les argumens du Ministère pouvaient se réduire à ce peu de mots : » Depuis la restauration, il y a eu constamment dans la » Chambre, une opposition hostile et violente ; le renouvel- » lement septennal la fera disparaître. » Et comment cela ? « Parce que, d'après nos succès en Espagne, on espère que les » *nouvelles élections seront toutes royalistes.* » Mais des espérances ne sont pas des argumens. Si, en établissant la septennalité, on créait, en même temps, un nouveau système électoral, par suite duquel les portes des colléges ne seraient ouvertes qu'aux royalistes jugés tels par le Ministère, nous concevons qu'avec la septennalité il n'y aurait plus ni hostilité ni violence dans nos débats parlementaires, au moins pendant la révolution des sept années. Mais le système électoral reste ; il produira les mêmes fruits ; et malgré la dissolution de la Chambre, attendons-nous à y revoir une minorité composée des mêmes hommes, animée du même esprit, et apportant les mêmes dispositions. Ainsi le but d'une innovation hardie et périlleuse sera manqué.

Laissons donc de côté ces futiles considérations, et arrivons au principal argument du Ministère en faveur de la septennalité. » Elle » aura, nous a-t-il dit, pour résultat infaillible de donner plus de » stabilité aux institutions monarchiques. » Oui, tel sera, en effet, le résultat de la septennalité, et nous nous empressons de le reconnaître ; mais..... AVONS-NOUS DES INSTITUTIONS ? On ne parle, à la ville, à la Cour, à la tribune, dans les salons et dans les coteries, que de nos institutions, et de la nécessité de les maintenir ; mais, encore une fois, AVONS-NOUS DES INSTITUTIONS ? C'est à ce point de la discussion ministérielle que nous allons essayer de signaler la fausse route suivie par le noble écrivain.

Il y a, dans la 66.me livraison du *Conservateur*, un excellent article, intitulé du *Principe politique* ; et nous y avons remarqué ce qui suit :

» C'est une erreur commune aux hommes qui exercent le pou-
» voir, de ne calculer ordinairement que les résistances per-
» sonnelles, et d'imaginer que, lorsqu'ils les auront réduites, ils
» seront maîtres des voies et des moyens..... Les véritables résis-
» tances sont dans les choses, parce qu'elles sont toujours gou-
» vernées par des antécédens positifs, qui tracent une route étroite
» dont on ne peut s'écarter sans se perdre.......... » Ces antécédens
peuvent s'appeler « la *force des choses* qui, considérée dans les rap-
» ports politiques, est cette action continuelle qu'exerce sur toutes
» les conditions de l'état social le principe qui forme et régit cha-
» que société...... (1) »

C'est dans ce passage, extrait du *Conservateur*, dont sans doute l'autorité ne sera pas déclinée par le noble Pair, que nous allons placer le type de toute notre argumentation, pour démontrer que nous n'avons pas d'institutions, et que conséquemment, la septennalité ne remplira pas l'objet que l'on s'est proposé. Quelle est *la force des choses*, dans la nation française ? C'est, d'une part, la légèreté, l'inconstance, l'impétuosité, l'irréflexion de son caractère, et sa passion pour la nouveauté; c'est, d'autre part, son enthousiasme pour les grands hommes, pour les grandes actions, pour les grandes vertus; son attachement à son culte et à ses Princes légitimes, son admiration pour les beaux faits d'armes, et son activité pour la gloire militaire. D'ailleurs, alliant à trop de facilité pour l'oubli du mal qu'elle éprouve, une sorte de tenacité de mémoire pour le bien qu'elle reçoit; « à une soumission raisonnée,
» le sentiment d'une juste indépendance; à la fierté d'âme et à la
» conscience de sa propre dignité, cette délicatesse qui donne le
» besoin de l'estime des autres; à l'amour des distinctions, cette
» haîne des obstacles qui en ferment l'accès, (2) » la nation fran-

---

(1) Cet article est de M. le baron de V...

(2) Extrait du *Conservateur* (ibidem).

çaise, a dit le Monarque vraiment philosophe du dernier siècle (1), fera toujours plus facilement l'abandon de ses lois que celui de ses coutumes; parce que chez elle, les coutumes sont plus particulièrement l'expression de son esprit et de son caractère.

Cela posé, examinons si le Gouvernement représentatif que nos Ministres prétendent consolider avec le renouvellement septennal est bien ancré, chez nous, *dans la force des choses*. Si nous portons nos regards au-delà de 1789, nous n'apercevons, en France, aucune trace, soit ancienne, soit récente, de ce genre de Gouvernement; mais nous y remarquons une ancienne Monarchie héréditaire qui, bien qu'absolue en droit, était modifiée par trois grands ordres politiques, le Clergé, la Noblesse, et le Tiers-Etat qui formoit à lui seul la grande majorité de la Nation, et dont, plus tard, la prérogative a été envahie par les Parlemens, sans résistance de sa part, et presque sans qu'il s'en soit aperçu; tant il est vrai que la Nation française est accessible à tous les genres de nouveautés ou de séductions! Si nous exceptons deux époques de notre histoire, nulle part nous n'avons vu ces trois ordres délibérer et participer à la formation des lois. Et cependant, la Nation française a toujours été grandissant et s'affermissant de siècle en siècle, au point qu'au moment où la révolution a éclaté, elle était la plus riche, la plus puissante et la plus heureuse des nations civilisées. Comment expliquer ce phénomène ? C'est que, dans l'ordre religieux, et dans l'ordre civil, elle possédait une multitude d'institutions plus ou moins anciennes, accommodées à ses croyances, à ses coutumes, à son esprit et à son caractère. Dans l'ordre religieux, elle comptait une foule d'établissemens consacrés à l'entretien des pauvres, au soulagement des malades, à l'instruction de la jeunesse, à l'étude des sciences, des lettres, à des doctrines morales philosophiques et religieuses, à l'esprit de contemplation au goût de la solitude. Dans l'ordre civil, elle avait ses traditions, ses usages,

---

(1) Stanislas, roi de Pologne.

ses immunités locales, ses pays d'états, ses communautés, ses corporations, ses magistrats et ses lois, attachés aux localités.

C'est au milieu de ce grand terrain, peuplé d'une immense quantité d'arbres antiques, répandant, sur tous les points de sa surface, leur ombre tutélaire, que la révolution est venue tomber comme la foudre, couper, disperser les rameaux, abattre les troncs, et composer, de tous ces débris, un vaste autodafé qui a calciné les pierres, brûlé les hommes et les choses de l'ancienne France, et n'a bientôt plus offert à l'œil épouvanté de l'observateur qu'un amas de cendres et de décombres. Les racines de nos anciennes institutions étaient bien vigoureuses et bien profondes, puisqu'il a fallu trois années consécutives de destructions et d'incendies pour en effacer jusqu'au dernier vestige. Enfin la révolution nous amène le système représentatif, qui devait remplacer tout ce que nous avons perdu. Ce système, comme nouveauté, a eu d'abord beaucoup de partisans et peu de détracteurs. Nous avons vu, en 1789, des milliers d'assemblées délibérantes surgir de toutes parts et s'organiser comme par enchantement. Il n'y avait pas une ville, pas un quartier, pas un village qui n'eût son président, son secrétaire, son registre de délibérations, et sa sonnette. Plus tard, une constitution représentative, uniquement basée sur le principe de la souveraineté du Peuple, est promulguée, avec des institutions essentiellement populaires, les unes écrites dans l'acte même de la constitution, et revêtues de sa garantie, les autres établies en même temps que cet acte, et lui servant d'appui. Dans l'ordre civil, on crée des assemblées primaires ouvertes à tous les citoyens sans distinction ; des colléges électoraux, des directoires administratifs, des procureurs-syndics, et des conseils généraux pour chaque district et pour chaque département ; des maires, des adjoints, des procureurs de communes, des conseils municipaux pour chaque ville et chaque village. L'ordre religieux reçoit aussi sa constitution spéciale et ses institutions toutes également populaires. Il est bien vrai que ces institutions étaient en opposition directe avec les croyances, les mœurs, les habitudes et les usages du peuple français ; mais elles lui offraient un puissant attrait dans l'exercice immédiat de sa souveraineté. Fier de nommer lui-même ses législateurs, ses magistrats, ses administrateurs et tous les principaux fonctionnaires civils et religieux, il a cru pendant quelque temps avoir rencontré le beau idéal de l'économie sociale. Dans l'ivresse de son orgueil, il a prêté la main aux démolisseurs de l'ancien édifice. Mais bientôt les intrigans, ligués avec les ambitieux et les traîtres, ont profité de la fermentation des esprits pour les pousser aux plus effroyables excès. Toutes les nouvelles institutions, digues chancelantes, ont été rompues. Les plus grands forfaits ont été d'abord tolérés, puis justifiés, et enfin ordonnés par des hommes se prétendant les mandataires du souverain. La majesté royale a été outragée dans son palais, plongée ensuite dans un cachot, et bientôt après immolée sur un échafaud, au nom et soi-disant pour l'affermissement du gouvernement représentatif. De ce moment, la partie saine et éclairée de la nation a pris en horreur un genre de gouvernement qui n'avait enfanté que des ruines et des crimes, et elle n'a plus aspiré qu'à le renverser.

Cependant, après trois années d'une anarchie sans exemple dans nos annales, arrivent d'autres novateurs qui, frappés des conséquences désastreuses du dogme de la souveraineté du Peuple, auraient bien voulu céder au vœu général des bons Français, en proclamant le gouvernement absolu dans les mains de son possesseur légitime; mais la crainte de payer tôt ou tard de leurs têtes les crimes auxquels ils avaient plus ou moins participé, les obligea de se replier sur le système représentatif, en le reconstituant avec de nouvelles combinaisons. Ils imaginèrent donc de substituer l'oligarchie à la démocratie des constituans de 1791, en concentrant dans les mains de cinq directeurs électifs, toute la puissance exécutive. Toutefois ne voulant pas briser le seul talisman qui fascinait encore la multitude, ils ont aussi consacré dans leur constitution représentative, le dogme de la souveraineté du peuple; mais ils ont cru en affaiblir les conséquences en divisant le pouvoir législatif en deux fractions, l'une dite, *Conseil des Cinq-Cents*, et l'autre, *Conseil des Anciens*. D'ailleurs, presque toutes les autres institutions populaires, créés en 1791, ont été maintenues avec plus ou moins de modifications.

Sans doute il y avait quelques saines idées et quelques améliorations dans cette nouvelle constitution représentative; mais la grande difficulté était de la faire adopter à la nation qui ne voulait plus de représentans. Pour vaincre sa résistance, les artisans de la constitution de l'an III rendirent les fameux decrets des 5 et 13 fructidor, qui ordonnaient le renouvellement annuel et par tiers des députés. Cette mesure, fort habilement combinée, souleva toute la nation, précisément parce qu'elle devait consolider un genre de gouvernement qu'elle abhorrait. Ce fut alors que la France offrit l'étonnant spectacle d'un peuple tout entier luttant contre quatre à cinq cents individus se prétendant ses mandataires; celui-là aspirant, sans oser le dire tout haut, après son roi légitime, ses coutumes et ses lois anciennes; ceux-ci lui intimant, en son propre nom, une constitution représentative qu'il repoussait.

Nous devons ici remarquer que la durée de la constitution de l'an III n'a pas excédé celle du mouvement triennal de la représentation, d'où il est permis déjà de conjecturer que si le mouvement eût été septennal, la même constitution aurait pu parcourir cette période. Mais ce qui est plus qu'une conjecture, c'est que si le renouvellement annuel et par tiers eût amené aux deux conseils des députés amis du nouveau système représentatif, au lieu d'y introduire ses plus prononcés ennemis, il est à croire que la durée de la constitution de l'an III se serait prolongée indéfiniment par l'effet du renouvellement partiel, si d'ailleurs elle n'eût pas été frappée de mort au moment de sa naissance. Car il ne faut pas oublier que ses auteurs avaient été dans la nécessité de reconrir deux fois à la force des armes pour contraindre la nation française, la première fois, à subir le gouvernement représentatif, et la seconde à le conserver. Or, quand un gouvernement de cette nature a besoin, pour se soutenir, de s'appuyer sur la pointe des baïonnettes, la loi sur l'équilibre veut qu'au premier choc il tombe, et fasse place au gouvernement militaire. Aussi c'est un soldat ambitieux qui, en l'an IV, avait aidé les conventionnels à dresser leur édifice représentatif; c'est le même soldat qui l'a renversé.

Ceci nous conduit donc à examiner de plus près, et à décomposer en quelque sorte la politique de cet homme vraiment extraordinaire. Il avait observé que les institutions populaires n'étaient plus en France que des machines à ressort, auxquelles la force militaire servait de manivelle; que cette force militaire avait d'abord agi sur la nation, en vendémiaire de l'an IV, puis sur les deux conseils, en fructidor de l'an V, toujours au profit du directoire exécutif qui la commandait. Il lui parut dès lors facile de faire réagir à son profit cette même force tout-à-la fois contre le directoire et contre les deux conseils. En effet, au 18 brumaire de l'an VIII, il lui a suffi de vingt soldats pour les dissoudre en un clin-d'œil, et pour s'emparer du pouvoir sans-coup-férir. La nation, demeurée spectatrice immobile d'un événement qui devait avoir une si grande influence sur sa destinée, sembla sourire à l'audace du jeune général, et lui savoir gré de l'avoir affranchie, à si bon marché, d'une ignoble et stupide tyrannie. Elle crut en même temps que son libérateur cachait l'arrière-pensée de relever le trône de Henri IV : elle caressa pendant quinze mois cette douce chimère, et lorsqu'un grand forfait, d'ailleurs fort inutile, lui dessilla les yeux, il n'était plus temps pour elle de songer à la résistance. Elle se trouvait enlacée et muselée par la force militaire.

Buonaparte, arrivé au pouvoir par la force des armes, ne pouvait le conserver qu'en s'appuyant sur un gouvernement militaire; mais s'il le proclame sans ménagement et dans sa nudité, il va effaroucher l'esprit français, accoutumé, depuis huit siècles, à un gouvernement paternel et tempéré. Que fait-il ? il calcule et mesure dans sa pensée l'intensité du principe politique que nous avons appelé, avec le CONSERVATEUR, *la force des choses*. Ce sera le champ fertile où il cueillera les fleurs trompeuses qui déroberont aux regards des Français les formes âpres du gouvernement militaire.

Il était dans *la force des choses*, parmi nous, de rétablir les décorations, les distinctions et les dignités, de relever la noblesse et notamment ces grandes et anciennes familles dont les noms historiques pouvaient donner du relief à la couronne. Buonaparte, sur ce point, s'est montré généreux jusqu'à la profusion; les croix et les rubans sont tombés comme la pluie sur toutes les classes. On a vu les Montesquiou, les Talleyrand, les La Rochefoucault, les La Trémouille et même des Montmorency peupler ses anti-chambres et ses états-majors. Ensuite de nouveaux princes, de nouveaux ducs, comtes, vicomtes et barons, ont été jetés pêle-mêle avec les anciens; et cette macédoine de noblesse, quelque bizarre qu'elle parût au premier aspect, n'en a pas moins servi efficacement la politique de son auteur, en faisant revivre, à son profit, l'esprit de flatterie, de présomption et d'arrogance de certaines classes de l'ancienne France.

La force des choses commandait impérieusement le prompt rétablissement du culte religieux. Buonaparte, au début de sa carrière, s'est concerté à cet effet avec le chef de la catholicité; et la religion de l'État ne méconnaîtra jamais ce qu'il a fait pour elle.

La force des choses voulait que la France restât monarchie héréditaire; Buonaparte se déclara monarque avec l'hérédité par ordre de primogéniture dans sa famille. La même *force des choses* voulait que la monarchie fût tempérée par de grands corps politiques. Buonaparte ne pouvait pas rétablir l'ancien clergé, l'ancienne noblesse, ni l'ancienne magistrature; autrement il changeait de rôle, et ne devenait plus que le restaurateur de l'ancienne monarchie, au lieu d'en être le despote. D'un autre côté, il n'ignorait pas que le despotisme ne s'allie point aux principes d'une monarchie tempérée. Que fait-il? se repliant toujours sur *la force des choses*, il exploite, au profit de son ambition, la passion du peuple français pour la gloire militaire. Résolu d'en faire une puissance conquérante et belliqueuse, il emprunte le type des nouvelles institutions qu'il lui prépare, à l'histoire du peuple le plus conquérant et le plus belliqueux de l'antiquité ; il crée un sénat, un tribunat, des consuls, des préfets, des sous-préfets, des questeurs ; et lui-même, un peu plus tard, se proclame Empereur de la République. Obligé de conserver au peuple un fantôme de souveraineté, d'autant mieux qu'il venait de l'assimiler aux enfans de Romulus, il combine et amalgame, avec ses institutions demi-romaines, quelques-unes des institutions révolutionnaires. Il établit une chambre législative, vain simulacre d'un nouveau gouvernement représentatif. Le sénat, le tribunat et cette chambre représentent en même temps, dans sa pensée, le simulacre des trois ordres de l'ancienne monarchie. Et comme *la force des choses*, unie à l'intérêt de sa politique, exige que trois grands corps, jetés inopinément au milieu d'une nation frivole, inconstante, parleuse et passionnée, prissent, à l'instar des anciens corps prépondérans de notre monarchie, un caractère grave et silencieux, il veut que ses législateurs soient muets, et ses sénateurs inaccessibles. Indiscrètement il conserve l'usage de la langue à son tribunat ; faute capitale, que bientôt il répare en congédiant tous ses tribuns.

Buonaparte avait encore remarqué les avantages manifestes du renouvellement partiel des députés, introduit pour la première fois dans la constitution représentative de l'an 3. Plus habile et plus tranchant que les cinq directeurs ses devanciers, il agrandit le cercle du renouvellement, en lui donnant la quinquennalité pour limite. Enfin, convaincu que dans un pays essentiellement agricole, comme la France, il importe d'attacher plus étroitement la propriété foncière au système de gouvernement, il concède la prérogative électorale aux plus forts contribuables.

Mais, encore une fois, toutes ces formes décevantes d'un gouvernement représentatif n'étaient qu'un voile éblouissant qui cachait un gouvernement militaire bien conditionné, et nécessairement viager sur la tête de son auteur. Ici, remarquons encore tout ce que peut *la force des choses*, qui ne permettra jamais qu'un gouvernement militaire se naturalise parmi nous. Ce n'est point un autre soldat qui, comme dans l'Empire romain, a remplacé notre Empereur, immédiatement après sa chute : c'est le Roi légitime des Français qui a ressaisi, sans obstacle, le sceptre de ses aïeux.

Ce Prince, qui, pendant vingt-cinq années d'infortune et d'exil, n'avait cessé de fixer un regard observateur et paternel sur son pays et sur les altérations qu'il avait subies dans son caractère et dans ses habitudes, reconnaît qu'une longue et sanglante révolution a dispersé tous les élémens politiques de l'ancienne France; qu'elle en a effacé le souvenir dans la partie la plus nombreuse et la plus jeune de la nation. Il sent dès-lors la nécessité de faire à son tour une abnégation franche des résolutions qu'il avait prises en s'exilant ; et cette considération le détermine à convertir en réalité le simulacre de gouvernement représentatif imaginé par Buonaparte. Il en conserve les principaux élémens dans sa Charte, c'est-à-dire, le renouvellement annuel et par cinquième des députés, et l'influence de la grande propriété sur les élections. Ennemi de l'arbitraire, il se montre plus généreux et plus confiant que ne l'était Buonaparte, en donnant aux députés le droit d'émettre publiquement leurs opinions à la tribune. Il fait plus : prêtant à l'article 40 de la Charte une interprétation plus ou moins exacte, il admet la petite propriété à partager la prérogative électorale avec les grands propriétaires, en transformant en électeurs de droit tous les contribuables payant 300 fr. au *minimum*. Mais une grande faute a été commise en 1814, celle d'avoir promulgué la Charte sans l'avoir accompagnée de lois créatrices d'institutions qui fussent en harmonie avec elle. Les constituans de 1791, ceux de l'an 3 et Buonaparte s'étaient bien gardé de risquer l'essai de leur gouvernement sans, au préalable, avoir formé son cortége et préparé ses appuis.

En nous prévalant donc de l'isolement trop incontestable de la Charte, nous reproduisons en ce moment le titre de cet opuscule : « AVONS-NOUS DES INSTITUTIONS? » Et nous répondons : NON ; nous n'avons que la Charte, en 75 articles, qui institue uniquement une chambre des pairs et une chambre des députés. Quelques esprits distingués de l'assemblée constituante avaient aussi, en 1789, conçu le projet de fonder parmi nous une Chambre des Pairs. Alors, nous possédions encore tous les matériaux appropriables à la confection d'un édifice de cette nature : nous avions une aristocratie puissante, une noblesse territoriale, une féodalité, des lois sur la primogéniture ; et cependant la création d'une Chambre des Pairs n'a pas rencontré, à cette époque, un seul partisan. Elle souleva tous les esprits, parce qu'elle était en opposition manifeste avec nos traditions, avec *la force des choses*. Repoussée en 1789, elle est accueillie en 1814, parce que le souvenir de nos anciennes traditions est à-peu-près effacé, et parce que cette institution nous est offerte par un Prince dont la race antique tient elle-même, parmi nous, à *la force des choses*. Mais si elle n'a point eu à lutter contre *la force des choses*, en revanche, les principes vitaux lui ont manqué. Nous n'avons plus d'aristocratie, plus de noblesse territoriale, plus de féodalité, plus de primogéniture. Ne nous aveuglons point sur la consistance de notre Chambre des Pairs, et gardons-nous de l'assimiler à la Chambre haute des Anglais. Chez eux, elle est véritablement un puissant contrepoids politique : chez nous, ou elle est une pierre d'attente qui cache une pensée plus hardie et plus hasardeuse ; ou bien elle est destinée à n'être qu'une grave réunion d'illustres personnages, de *seniores* titrés, identifiés par nécessité à la couronne, agglomérés autour d'elle pour lui servir de conseil, pour la seconder dans l'exercice et dans le développement de son pouvoir, mais jamais pour l'entraver, si elle est envahissante. La Chambre des Pairs (quant à présent, du moins,) n'est donc pas, à proprement parler, une institution. Nous n'en avons, en réalité, qu'une seule dans la Charte; c'est la Chambre des Députés. Mais qu'est-ce elle-même que cette Chambre qui est dépourvue de son principal ressort, d'un système électoral complet et avoué de tous les partis? La Chambre des Députés n'a de force en ce moment, et elle ne contrebalance la puissance royale, que par une seule prérogative, celle de refuser les subsides. Mais qu'est-ce également qu'une prérogative dont l'exercice met l'État en péril, et qu'un despote peut éluder? Buonaparte aussi avait concédé le vote des subsides à son Corps législatif, qui eut une seule fois le courage de les lui refuser. En 1813, de sa propre autorité, il a décrété l'impôt, et l'impôt a été perçu. Répétons-le donc : Non, nous n'avons pas d'institutions, ou plutôt nous avons toutes celles qui ont été créées par Buonaparte. Or, nous le demandons, une Charte qui contient le symbole de toutes les libertés publiques peut-elle se développer librement et s'affermir au milieu d'institutions essentiellement despotiques? On ne fait point de la liberté avec du despotisme. Buonaparte aussi nous avait promis des libertés, mais avec la ferme résolution de n'en réaliser aucunes. Connaissant et redoutant en même temps pour lui l'invincible empire de la parole sur l'esprit français, il a donné pour guides à ses institutions les deux compagnons inséparables de la tyrannie, le SILENCE et le MYSTÈRE. C'est en répandant un voile impénétrable sur toutes ses pensées et sur tous ses mouvemens, en bâillonnant les journalistes, en asservissant la presse, en comprimant les corps judiciaires, en élevant au milieu de la chambre législative une tribune inaccessible et muette, qu'il est parvenu à consolider son pouvoir : et en cela, il a été merveilleusement servi par ses institutions, dont lui seul tenait tous les ressorts. Voyez avec quelle rapidité ses ordres arrivaient sur tous les points de son vaste empire! avec quel ensemble et quelle muette obéissance ils étaient partout exécutés! Au centre, il y avait une administration compacte et homogène, n'éprouvant aucune variation dans son personnel, parce qu'elle était composée de ministres laborieux, infatigables, ne faisant rien de leur chef, recevant toutes leurs instructions d'un maître encore plus laborieux et plus infatigable que ses agens : hors du centre, des préfectures, des sous-préfectures, des corps administratifs, des directions et de grands-fonctionnaires, n'ayant qu'une règle de conduite, la volonté du maître. De semblables institutions n'avaient été évidemment créées que pour l'homme, et non pour la chose. Elles étaient des corps intrinsèquement inertes et immobiles; il n'y avait qu'un bras de fer qui pût les soulever.

Le despotisme est une science profonde et difficile, qui n'entrera jamais dans l'esprit d'un Français, et bien moins encore dans celui d'un fils de Henri IV, le premier, le plus aimable et le plus libéral de tous les Français. Louis XVIII nous a octroyé les plus précieuses libertés que puisse souhaiter un peuple ardent, loyal et éclairé. Il nous les a octroyées avec la volonté de nous en faire jouir. Mais, consacrées uniquement en principe dans la Charte, elles auraient dû être simultanément développées dans des institutions spéciales, ayant chacune un article de nos libertés pour texte, et leur accomplissement pour objet. Au lieu d'en emprunter le modèle au régime impérial, dont les institutions n'étaient que des instrumens flexibles de tyrannie et d'arbitraire, il fallait un peu consulter nos anciennes coutumes et nos annales; car nos aïeux jouissaient aussi de quelques libertés et de quelques franchises, dont s'accommoderaient assez bien les hommes les plus exigeants en cette matière. Il n'était besoin que d'un peu de sens et de beaucoup de bonne-foi pour discerner celles qui pouvaient le mieux se coordonner avec le texte de la Charte, en s'imposant d'ailleurs la loi de n'adopter d'institutions nouvelles que celles rigoureusement nécessaires pour remplir son vœu et assurer son exécution.

Des vues aussi simples ne se sont présentées à la pensée de personne. On a cru au contraire qu'un genre d'administration qui s'était déployé avec ensemble et énergie sous la main d'un despote dépourvu d'amis, se maintiendrait avec plus de force et de durée sous celle d'un monarque légitime, accueilli comme un libérateur et chéri comme un père. On n'a point remarqué que ce monarque avait aboli les deux pivots de la tyrannie, le *silence* et le *mystère*, pour les remplacer par ceux de la liberté, la *publicité* et la *parole*; et que dès lors, toutes les institutions du despote tombaient en poussière. On n'a point remarqué que ce monarque, voulant franchement nos libertés, avait franchement aussi établi la responsabilité ministérielle. Qu'est-il arrivé? La monarchie, sevrée d'institutions vivifiantes et ne s'étayant que sur de vains simulacres, a glissé insensiblement dans le Ministère. Celui-ci se voyant à son tour contrarié, menacé et tourmenté par la puissance irrésistible de la parole unie à la publicité, n'a plus eu qu'une seule pensée, celle d'amortir les coups de ce double véhicule, d'en fausser la direction, et d'en intervertir les résultats. Nos ministres ne s'en cachent pas, et ils conviennent eux-mêmes par la bouche de leur noble organe, que livrés entièrement aux soins de leur conservation personnelle, « ils abandonnent les affaires publiques » pour ne songer qu'à s'assurer d'une majorité dans la chambre » élective. » C'est ainsi que chacun d'eux s'armant, dans sa sphère, des instrumens que Buonaparte savait si bien manier, nous les voyons depuis huit ans, singer si maladroitement ses mouvemens. Hélas! c'est la massue d'Hercule dans les mains d'un enfant! Buonaparte avait des baïonnettes et du canon ; nos ministres n'ont que des circulaires et des emplois. Quand celui-là n'avait qu'à parler pour être obéi, ceux-ci ne parviennent à l'être que par des destitutions et des mutations. Aussi l'administration disloquée est sans mouvement sur tous les points. Le désordre et la confusion règnent partout, dans les bureaux du Ministère, dans ceux des préfets, des sous-préfets, jusque dans les administrations municipales et dans les mairies (1). On y est encombré de cartons

(1) Les maires sont, dans nos campagnes, sans considération et sans force.

et de papiers pêle-mêle entassés sur des rayons. Les employés s'y perdent, et tout leur temps ne suffit pas pour y faire de vaines recherches. On n'y trouve de bien ordonné que ce qui concerne les matières fiscales et électorales. De l'argent et des soldats, voilà ce qui, sous Buonaparte, occupait une partie de ses pensées. De l'argent et des électeurs, voilà ce qui absorbe aujourd'hui toutes celles de l'administration.

Cependant, notre état social se soutient, quoique tout y soit dans une position fausse et contre nature. Voulez-vous savoir pourquoi? Soulevez un peu cet indigeste fatras d'institutions révolutionnaires et impériales; vous y trouverez un monstre à gueule sanglante, dont les griffes, pénétrant sourdement dans presque toutes les sociétés européennes, en retiennent les liens usés et détendus, et en retardent la dissolution. Ce monstre, enfant de Napoléon, c'est la force militaire qui, dévorant tôt ou tard la civilisation du continent, lui fera subir la destinée des contrées asiatiques. Napoléon, voulant tout réédifier par la seule puissance des armes, a contraint les nations à doubler ces formidables états militaires qui pèsent aujourd'hui sur les institutions civiles. La France n'a pas en ce moment d'autre appui que son armée. On la choie, on la caresse, on la comble d'encouragemens et d'honneurs... Sans doute, il faut récompenser la vaillance et la fidélité; mais qui ne sait combien la force militaire est mobile, souple, inconstante et capricieuse? Aujourd'hui pour la légitimité; demain pour l'usurpation. A Naples, dans le Piémont, en Espagne, dans le Portugal, c'est la force militaire qui a produit les révolutions; et c'est elle qui les a comprimées. Et nous, Français, avons-nous déjà oublié notre 20 mars? Alors, comme aujourd'hui, nous n'avions

---

On les avilit, on les outrage impunément. Par suite d'instructions ministérielles, l'action de la justice y est refusée aux plaignans en matière de contraventions et de délits, s'ils ne consentent point à se constituer parties civiles, c'est-à-dire à courir les chances et à supporter les frais du procès. Il n'y a guères que les crimes qui soient poursuivis d'office aux dépens du trésor.

que la Charte sans institutions. En présence de 800 baïonnettes, elle s'est évanouie comme une fumée ; et la légitimité, dispersée sans coup férir, n'a reconquis ses droits, cent jours après, qu'avec l'assistance des baïonnettes.

Il n'est donc que trop bien démontré que nous n'avons pas d'institutions; et si ce point de fait n'est pas contestable, nous demandons au Ministère à quoi bon sa septennalité, lorsqu'il ne lui reconnaît d'utilité que pour le cas où nous aurions « des institutions monar- » chiques dont elle doit assurer la stabilité. » Il ne veut plus du renouvellement annuel et par cinquième ; il prétend lui substituer le renouvellement intégral après sept années révolues ; mais a-t-il bien calculé la puissance de sept années sur l'esprit français ? Sept années consécutives, sans qu'il exerce la seule prérogative qui puisse maintenant flatter son amour-propre, fixer son inconstance et le lier d'affection à un mode de gouvernement qui n'est pas dans ses mœurs et qu'il n'a pas demandé!!!... Qu'arrivera-t-il dans cette longue période?

Si le Ministère parvient, comme il s'en flatte, à n'avoir aux prochaines élections que des députés royalistes et qui lui seront dévoués, alors il obtiendra sans contredit le calme après lequel il aspire ; mais ce sera le calme de la mort. L'opposition, principe vital de tout gouvernement représentatif, n'existera plus. Il n'y aura plus qu'une opinion dans la Chambre, celle du Ministère ; et en ce cas, de deux choses l'une.

Ou bien les Ministres, débarrassés de toute censure, gouverneront la France à la satisfaction générale ; et bientôt le gouvernement représentatif, à peine essayé, sera perdu de vue : il dégénèrera en gouvernement ministériel.

Ou bien les ministres, n'écoutant que leurs passions avec d'autant plus de sécurité qu'ils seront sans contradicteurs, finiront par exciter un mécontentement universel. Comment, en ce cas, la nation pourra-t-elle exprimer ses plaintes, lorsqu'elle n'aura plus d'organes? Si elle se soulève, la puissance militaire est là, dans la main des ministres pour comprimer les mécontens ; et nous tombons de fait dans le gouvernement militaire.

Que si au contraire, et comme il y a tout lieu de le penser, le ministère n'obtient, aux prochaines élections, que sa majorité actuelle en députés dévoués, avec une minorité formée des mêmes élémens que ceux qui constituent aujourd'hui l'opposition de la gauche, à quoi lui aura servi la septennalité? *L'opposition* sera toujours *turbulente, ses discours toujours passionnés*, ses censures toujours amères, ses attaques toujours violentes ; et les ministres, toujours placés dans la nécessité de se défendre, n'auront pas le loisir, comme ils s'en flattent, « de s'occuper des affaires publiques, » de travailler aux lois dans un esprit de suite et d'unité. » Pour étouffer cette lutte, qui sera inévitable tant qu'on ne fera rien pour éteindre les passions et pour concilier les esprits, le ministère, de concert avec la majorité, lui fera-t-il exercer la prérogative de l'expulsion? mais s'il parvient, par l'abus de cette mesure, à étouffer l'opposition, il n'y a plus de gouvernement représentatif.

Que si, au lieu d'avoir recours à des remèdes extrêmes, le ministère, seul dispensateur de ces milliers d'emplois salariés qui, comme autant de pompes aspirantes dressées sur le trésor public, en dessèchent tous les canaux, espère, à l'aide d'une période de sept années, gagner les principaux chefs de l'opposition (et malheureusement cette hypothèse n'offre que trop de probabilités!), dans ce cas encore, plus d'opposition, plus de gouvernement représentatif.

Dira-t-on qu'il restera du moins à la nation, la liberté de la presse? mais supposons que le même ministère gagne aussi les journalistes et qu'il intercepte, comme il en a le pouvoir, la circulation des écrits qu'il n'aura point avoués, alors que deviendra la France? Le poids de sa nullité politique intérieure l'entraînera dans une olygarchie qui n'aura pas même le monarque pour contre-poids, puisque c'est en son nom qu'elle exercera la toute-puissance. Le directoire exécutif renaîtra sous une autre dénomination;

mais plus arbitraire et plus tyrannique. Quel attrait pour les hommes cupides et ambitieux! quelle carrière facile pour les usurpateurs et pour les traîtres!

Maintenant plaçons, sous un autre aspect, ce gouvernement représentatif énervé par le renouvellement septennal et comme effacé de l'esprit des Français à cause de sa nullité. Figurons-nous que ce gouvernement n'est plus qu'un instrument passif dans la main du ministère; c'est bien en ce cas qu'il faudra concevoir de graves alarmes, redouter des commotions et des catastrophes! Un ministre, quelqu'habile et quelqu'énergique qu'il soit, fût-il un cardinal de Richelieu, ne sera pas toujours en place. Est-on sûr de retrouver un homme d'état de sa trempe pour lui succéder? Et cependant ce grand ministre déchu, ou mort, aura laissé après lui des mécontens, précisément par ce que son administration aura été inflexible. Si son successeur est sans capacité et sans caractère, si ses collègues témoignent la même insuffisance et la même faiblesse; bientôt aux mécontentemens excités par la haine de l'administration précédente, se joindront le mépris et le dégoût qu'inspirera celle qui la remplace. On attendra, pour éclater, la convocation des cinq cents collèges environ, qui composent notre système actuel d'élection. Ces collèges, en mouvement à-la-fois sur tous les points du royaume, seront autant d'arènes ouvertes aux mécontens, aux opprimés, aux intrigans, aux ambitieux et aux traîtres; les esprits y seront d'autant plus aigris qu'ils auront été plus long-temps comprimés. Quel sera, dans cette conjoncture, la digue assez forte pour contenir l'effervescence nationale, si ce n'est la force armée? et nous voilà encore replongés dans le gouvernement militaire.

L'illustre écrivain nous cite l'Angleterre. « C'est, dit-il, de » l'époque où les parlemens ont été septennaux que date la puis- » sance et le repos de la Grande Bretagne. » Quand donc cessera-t-on de nous parler des Anglais autrement que pour nous apprendre à contre balancer leur domination sur les mers, leur influence dans les comptoirs des deux mondes, leur infatigable activité pour le commerce et l'énergie inflexible de leur esprit public! Nous remplirions un gros volume, s'il nous fallait ici décrire les énormes différences qui distinguent les deux nations et leurs parlemens. Nous nous bornerons seulement à en signaler les principales.

En Angleterre, le parlement à l'initiative des lois. En France, cette initiative appartient exclusivement à la couronne; c'est-à-à-dire, qu'en Angleterre, le monarque est dans le parlement, tandis qu'en France, le parlement est dans le monarque.

En Angleterre, le système représentatif est un vieux chêne planté sur un sol natal, dont les racines touchent au berceau de la monarchie, et dont la cime orgueilleuse embrasse sa circonférence. En France, ce n'est encore qu'une tige délicate, non acclimatée et fraîchement implantée sur un terrain étranger. Le moindre choc peut la briser, et le soufle mortel de la désuétude peut la flétrir. Désuétude! Pesons bien la valeur de ce mot. Il n'y a que la France où il ait une signification, assurément bien connue du noble pair dont, à cette occasion, nous citerons une réflexion très-remarquable sur le caractère national :

» Dans le caractère Français, nous dit-il, rien de plus fatal
» que les hésitations et les retards; chose si vraie, qu'aussitôt
» qu'une résolution est prise, fût-elle douteuse et même *mauvaise*,
» l'esprit public se calme et les obstacles s'aplanissent... » Ainsi, quand bien même il serait démontré à la nation que la septennalité est une mesure *mauvaise*, et qui lui deviendra fatale, tel est le caractère du Français, qu'il suffit à ses ministres de vouloir la septennalité sans *hésitation ni retard*, pour qu'il l'adopte sans murmure et qu'elle s'éxécute sans obstacle. De même que si, plus tard, il convient à d'autres ministres de vouloir l'abolition du système représentatif, comme étant inconciliable avec le caractère français, ils n'auront encore qu'à vouloir, le système tombera en désuétude et disparaîtra.

En Angleterre, la corruption a parouru toutes ses périodes ; elle est achevée, et elle circule dans les veines de son Gouvernement, sans qu'elle puisse en altérer les principes vitaux. Chez nous, on cherche à la naturaliser avec le corps social ; mais elle répugne à la candeur de nos sentimens, à la délicatesse de nos mœurs, à l'élévation et au noble orgueil de notre caractère. Si l'on persiste à vouloir acclimater, par la corruption, le Gouvernement représentatif parmi les Français, on ne réussira pas ; et nous ajoutons, avec une sorte de fierté, que ce Gouvernement ne prendra chez nous vie et consistance que dans le désintéressement, la loyauté chevaleresque et l'aimable franchise de notre caractère. Est-ce bien sous cet honorable aspect que nos Ministres ont envisagé la septennalité ? Les effets de cette corruption que certains publicistes prétendent être inséparables de tout gouvernement représentatif, ne sont-ils pas entrés pour quelque chose dans leur calcul ? S'il en est ainsi, quelle opinion se sont-ils donc fait du caractère français !

Enfin, l'Angleterre, gardée au-dehors par un élément dont elle est l'arbitre, au-dedans par un Gouvernement représentatif aussi vieux qu'elle, et fondé entièrement sur *la force des choses*, s'abstient scrupuleusement de lui porter le moindre ombrage par le développement d'un grand état militaire. Chez elle, hors du service, les appareils de la guerre sont soigneusement dérobés aux regards du peuple ; l'habit militaire même est proscrit. Elle ne veut de soldats que strictement ce qu'il lui en faut pour conserver ses possessions lointaines ; et son Gouvernement représentatif est sans-cesse aux aguets pour forcer l'autorité royale à licencier les corps armés qu'il reconnaît inutiles. En Angleterre, le Gouvernement militaire n'a ni chance ni moyens de succès. Le germe de vie lui manque. La France au contraire, a besoin de 30,000 hommes, rien que pour garder sa capitale. Il lui en faut 200,000 pour maintenir la tranquillité dans son intérieur, pour garder ses places fortes, ses côtes, ses ports et ses frontières. De plus, tous les

Français, sans distinction, naissent soldats et sujets à l'appel militaire. Il n'existe plus, à proprement parler, qu'une seule carrière ouverte à notre nombreuse jeunesse : c'est celle des armes. Enfin, 25 années de victoires et de conquêtes ont porté au plus haut degré d'intensité cette ardeur belliqueuse, qui est dans notre caractère, qui a enfanté parmi nous une foule de généraux habiles, aussi avides d'avancement et de considération, qu'ils le sont de lauriers. Quel dangereux entourage pour un gouvernement représentatif, et que de chances pour un gouvernement militaire !! Pour bien nous convaincre, au surplus, des périls qui nous menacent à cet égard, prenons une dernière hypothèse qui, certes, ne se réalisera pas avec notre Monarque, ni avec les Princes appelés à lui succèder ; mais qui n'est pas non plus hors de toute probabilité pour l'avenir.

Supposons donc, qu'une vicissitude de primogéniture appelle un second Charles XII au trône de Louis XIV ; voyons ce Prince légitime au milieu du Peuple français, sevré pendant sept années, de toute participation aux affaires publiques, privé d'ailleurs d'institutions qui contiennent, dirigent et alimentent sa bouillante ardeur, honteux de sa nullité, fatigué de son inertie ; que ce Prince soit assuré d'une majorité dans la Chambre élective, si facile à obtenir, lorsqu'un Ministère aura par-devers lui sept années de repos pour travailler les consciences parlementaires ; que ce Prince, avide de renommée et de conquêtes, donne le signal à une jeunesse vaillante et belliqueuse ; la voyez-vous se jeter avec lui dans les champs de bataille, au sommet des fortifications, à la bouche des projectiles ! Que le même Prince rentre dans ses États, à la tête de son armée victorieuse, vous verrez la majorité parlementaire, voler la première à sa rencontre, et s'atteler, en quelque sorte, à son char de triomphe. La minorité gardera un sombre et expressif silence, au milieu de l'exaltation générale. Elle n'aura pas, comme en Angleterre, la ressource de l'appel à la Nation ; car la Nation tout entière, qui, après sept années, aura perdu de vue son gouvernement représentatif, pour ne s'occuper que de son héros, sera elle-même dans l'ivresse. Que résultera-t-il en définitive de cette incandescence belliqueuse qui aura gagné toutes les têtes ? Les échos de Marengo, d'Austerlitz et de Wagram, nous répondent par ces mots terribles : » *le Gouvernement militaire !!* »

Au moins, avec le renouvellement annuel et partiel, le sommeil politique, si naturel à l'esprit français, ne sera plus à redouter. Nous verrons, à la vérité, » des cabales, des ambitions de partis, et des » opinions tous les ans agitées en sens contraire...... » Mais pourquoi s'alarmer d'inconvéniens qui sont inévitables dans un Gouvernement représentatif ? Avons-nous eu, depuis neuf ans, un seul département troublé par les élections ? Que peuvent 50 à 60 colléges, dispersés dans 17 départemens non contigus, convoqués pour huit jours au plus, et condamnés par la loi au plus rigoureux silence ? Soyez sans inquiétude : trop faibles pour pouvoir jamais compromettre la tranquillité publique, ils tiendront seulement les esprits en haleine, non dans leur généralité, mais dans des fractions locales qui cependant attireront l'attention publique sur la destinée du Gouvernement représentatif et sur ses écarts. Déjà, sous le régne de Buonaparte, la partie indépendante et éclairée de la Nation commençait à s'apprivoiser avec le système représentatif, autant par lassitude et par dégoût de ses anciens oppresseurs, que par obéissance et par considération pour l'homme qui, à bien des égards, ne lui paraissait pas indigne de la gouverner. Il y a plus. Ce système, jusqu'alors repoussé, semblait déjà flatter la grande propriété à cause de l'influence immédiate qu'il lui donnait sur les élections. On s'accoutumait à un mode de gouvernement, sous la protection apparente duquel la France avait vu ses frontières reculées, et ses armées partout triomphantes ; et lorsque le sceptre de Napoléon a été brisé, en 1814, il n'y a eu à-peu-près, que les colléges électoraux qui soient restés debout après sa chute. Pendant les 15 années de leur existence, sous l'Empire de Buonaparte, ils avaient contracté l'habitude de se réunir chaque année par cinquième, uniquement pour désigner des candidats; et nous avons remarqué que jamais les électeurs français n'ont manqué à l'appel, si ce n'est à l'époque fatale des cent-jours. Neuf autres années viennent de s'écouler, pendant lesquelles on a continué à les convoquer, dans la même proportion et de la même manière, non plus pour désigner de simples candidats, mais pour nommer directement des Députés. Cet accroissement de prérogative dont les a gratifiés la générosité royale, en réveillant l'attention, disons même l'amour-propre des électeurs, les a plus étroitement familiarisés avec un mode de gouvernement dont la garde est annuellement commise à leur vigilance, et dont le principal ressort est, chaque année, dans leurs mains. Que l'on s'abstienne de contrarier cette habitude naissante par des modifications purement spéculatives et hazardeuses; que l'on se garde d'en intercepter le développement par des interruptions septennales; et à la longue, cette habitude deviendra *force de choses* parmi nous, surtout à mesure qu'un plus grand nombre de chefs de famille propriétaires participeront aux élections. Et sous ce point de vue, il nous semble qu'un royaliste, intimément convaincu, comme nous le sommes, que la Charte est l'ancre du salut et la seule digue qui puisse arrêter le torrent du gouvernement militaire, ne doit pas tant se gendarmer contre les lois qui ont admis la petite propriété à partager avec les grands propriétaires la prérogative électorale. Il n'y a, s'il faut en croire les agens du Ministère, de royalistes que parmi les grands propriétaires. » En conséquence, étouffons, disent-» ils, par tous les moyens humainement praticables, l'influence de » la petite propriété. » Vue étroite! petite et misérable combinaison, qui tournera infailliblement contre ses auteurs! Nous avions le système électoral de Buonaparte, qui allait toujours se fortifiant. Personne ne demandait à le modifier; tous les bons esprits voulaient le conserver provisoirement jusqu'au moment où les institutions impériales eussent été abolies. Pourquoi ce système a-t-il été intempestivement déserté? Aujourd'hui, il n'est plus temps de revenir sur ses pas. La petite propriété a goûté de la prérogative électorale ; elle y tient; et l'on ne la lui enlèvera pas impunément. Tôt ou tard, il faudra bien aviser aux moyens de la familiariser et de l'amalgamer avec la grande propriété, pour ne s'en faire qu'un seul et même appui. Et quoi de plus facile ? On a pu quelquefois l'égarer dans certains choix ; mais au fond, elle est, comme nous, avide de paix et de stabilité. Au fond, elle est attachée à son Prince légitime ; elle croit à la sincérité de ses promesses ; elle connaît les maladies qui rongent notre corps politique et les besoins qui le consument. Elle demande un médecin pour les maladies, et des alimens pour les besoins.

Nous ne prétendons pas, toutefois, que le seul renouvellement annuel et partiel des députés, corroboré par le concours de la petite propriété, suffise pour nous garantir des atteintes du gouvernement militaire. Il n'y a, nous le dirons sans cesse, que des institutions appuyées sur *la force des choses*, qui puissent amener ce résultat ; et quand le renouvellement annuel n'aurait d'autre avantage que celui d'introduire chaque année, dans la Chambre, un cinquième de Députés nouveaux, organes de l'opinion et des besoins de leurs localités ; ces Députés, s'ils arrivent vierges et non encore froissés par le contact ministériel, ne manqueront pas de crier, chaque année, aux oreilles du Ministère : « Donnez-nous donc
» enfin des institutions en harmonie avec nos libertés ! » Et à force de cris importuns, de plaintes récidivées, il faudra bien que nos Ministres en finissent. Diront-ils aux députés nouveaux qu'avant tout, le Ministère est obligé *de s'assurer une majorité dans la Chambre* ? « Vous l'obtiendrez, leur répondra-t-on, en satisfaisant, avant
» toutes choses, au besoin le plus impérieux de la nation, en lui
» donnant des institutions. L'intrigue et la corruption ne vous
» procureront jamais qu'une majorité vacillante et factice, qui
» vous soutient aujourd'hui, et qui demain vous renversera.
« Voyez la destinée de vos prédécesseurs. Leurs amis aujour-
» d'hui sont les vôtres ; mais pour peu que la girouette du pouvoir

» varie, ils vous méconnaitront, comme ils ont méconnu MM. De-
» caze et Pasquier. Créez-vous plutôt une majorité fondée sur le
» désintéressement, sur la franchise, sur l'élévation d'âme, sur
» la considération personnelle et sur le vrai talent ; cette majorité
» sera fixe et inébranlable. Elle vous servira d'abri au jour de la
» tempête, et elle gravera vos noms en lettres d'or dans les fastes
» de la postérité. »

ET VOUS FRANÇAIS, depuis long-temps séparés de ce petit nombre d'hommes turbulens et factieux qui cherchent dans de nouveaux changemens politiques de nouvelles chances à leur ambition ; vous, hommes de bonne-foi, que l'on a mal jugés, et si étrangement qualifiés du nom de *révolutionnaires*, parce que l'on n'a point, comme nous, pénétré dans l'intérieur de vos familles et dans l'intimité de vos entretiens, peut-être aussi parce que trop légèrement vous avez accordé votre confiance à de prétendus libéraux qui ne la méritaient point, et trop légèrement vous avez enveloppé tous les royalistes dans les mêmes préventions, vous qui, indépendans comme nous, êtes amis de l'ordre, et conséquemment partisans sincères de la légitimité, qui, comme nous, voulez franchement les libertés, et rien que les libertés consacrées par la Charte, c'est au moment où cette Charte est en péril, où l'on va lui porter le coup mortel en croyant l'affermir, qu'il est urgent de nous entendre et de nous réunir. Vous, qui, comme nous, avez la profonde conviction qu'en sortant de la Charte la France se jette dans les abîmes, qu'il faut l'embrasser étroitement, et quelque imparfaite qu'elle puisse être, l'exécuter religieusement dans son ensemble et dans chacune de ses parties, sous peine de cesser d'être, joignez-vous à nous pour repousser la septennalité, non pas à cause des ministres qui la proposent, car ils peuvent être de bonne-foi, mais parce qu'elle renversera la Charte, et nous conduira, sur ses débris, au gouvernement militaire. Pourquoi donc hésitez-vous à figurer dans nos rangs et à marcher avec nous sous la bannière de Henri IV ? Dites si jamais, depuis 30 ans, vous avez joui d'une plus grande somme de liberté que depuis le moment où les Bourbons ont recouvré leurs droits. Soyons donc fidèles à cette race éminemment Française, et si, depuis neuf ans, l'administration trop absorbée par le soin de sa conservation personnelle n'a point rempli le vœu de son auguste chef, si elle a constamment ajourné nos institutions ; eh bien ! réunissons-nous pour lui faire la guerre ; mais avec franchise, et avec cette mesure que commande l'honorable titre dont ils sont revêtus. Notre sage monarque sent, autant que nous, le besoin de rencontrer enfin une administration laborieuse, désintéressée, pénétrant assez avant dans ses hautes pensées pour l'aider à les réaliser, et à couronner, par des institutions vraiment libérales, le grand œuvre de notre restauration politique ; car, comment expliquer autrement ces révolutions fréquentes que subit le Ministère dans son personnel, cette instabilité, ces contradictions, ces anomalies qui, depuis neuf ans, se manifestent dans tous ses actes ? Vainement on se flatte d'y remédier par la septennalité. Le temps est toujours gros d'événemens, et personne ne peut assurer que, dans le cours de sept années, quelques nouvelles catastrophes ne changeront pas encore la face des choses, n'intervertiront pas la direction des esprits, n'imprimeront pas un nouveau mouvement à une population toujours divisée, toujours inquiète et toujours mécontente ? Oui, réunissons-nous, et bientôt vous verrez l'administration abandonner ses frêles appuis, ses fausses combinaisons, et marcher droit avec nous dans les voies de la Charte et dans celles de nos libertés. Elle cessera de s'environner de ces hommes équivoques et sans couleurs, qui vous qualifient de *factieux* et nous appellent des *exaltés*, parce que nos yeux sont plus perçants que les leurs, notre volonté plus immuable, et notre patriotisme plus désintéressé. Enfin, réunissons-nous pour fondre toutes ces petites oppositions, mesquines qui s'entrechoquent dans la Chambre, en une seule opposition homogène, imposante et compacte, qui signalera aux yeux des nations l'existence réelle d'un gouvernement représentatif Français, dans lequel on ne comptera plus que deux partis luttant loyalement l'un contre l'autre; celui-ci voulant des institutions plus monarchiques, celui-là des institutions plus populaires; mais tous voulant loyalement le maintien de la dynastie légitime; tous voulant la Charte avec ses conséquences. C'est ainsi que les institutions qui nous manquent sortiront des débats d'une opposition qui sera plus féconde en résultats positifs au profit de nos libertés; d'une opposition qui ne cherchera point à faire violence *à la force des choses*, qui ne proscrira point aveuglément tout ce qui, dans nos anciens usages et dans nos anciennes traditions, lui paraîtra bon et conciliable avec nos libertés; qui n'oubliera pas que c'est toujours du sang français qui coule dans nos veines, toujours le beau ciel de la France qui luit sur nos têtes, des sites riches et variés qui réjouissent nos regards, et un sol inépuisable qui produit au centuple de nos besoins; enfin qui ne cherchera point à faire de nous des insulaires ni des Anglais, mais à nous conserver nation continentale, nation française, chérissant ses libertés en même temps qu'elle compte avec orgueil Henri IV au nombre de ses rois.

www.ingramcontent.com/pod-product-compliance
Lightning Source LLC
Chambersburg PA
CBHW070445080426
42451CB00025B/1668